VENTE

Du Vendredi 30 Avril 1909

HOTEL DROUOT, SALLE N° 10

A DEUX HEURES

Tableaux & Dessins

ANCIENS ET MODERNES

GRAVURES & EAUX-FORTES

Mᵉ F. LAIR-DUBREUIL

COMMISSAIRE-PRISEUR

CATALOGUE

DES

TABLEAUX ET DESSINS

ANCIENS ET MODERNES

par ou attribués à

ABBÉMA, BONNAT, DAVID, DECAMPS, DELACROIX, COUTURE (TH.),
FROMENTIN, GÉRICAULT, GREUZE, HAUDEBOURT-LESCOT,
JAPY, MEISSONIER, DE NITTIS, RAFFET, ROUSSEAU (TH.), TROYON, ETC.

COPIES

Principalement des Maîtres Italiens et Hollandais

GRAVURES, EAUX-FORTES

Par Desboutins, Helleu, etc.

APPARTENANT A M. X...

TABLEAUX

MODERNES ET ANCIENS

PAR CHARPIN, GUDIN, LAISSEMENT, MAINCENT, NOTERMAN, PERAIRE,
RICHTER, ROZIER (D.), ETC.

APPARTENANT A DIVERS

Et dont la Vente aux Enchères publiques aura lieu

HOTEL DROUOT, SALLE N° 10

Le Vendredi 30 Avril 1909, à 2 heures

PAR LE MINISTÈRE DE **M⁰ F. LAIR-DUBREUIL**
COMMISSAIRE-PRISEUR, rue Favart, 6

EXPOSITION PUBLIQUE

Le Jeudi 29 Avril 1909, de 2 heures à 6 heures

CONDITIONS DE LA VENTE

Elle sera faite *au comptant*.

Les adjudicataires paieront *dix pour cent* en sus des enchères.

Paris.— Imp. de l'Art, Cн. Bᴇʀɢᴇʀ, 41, rue de la Victoire

DÉSIGNATION

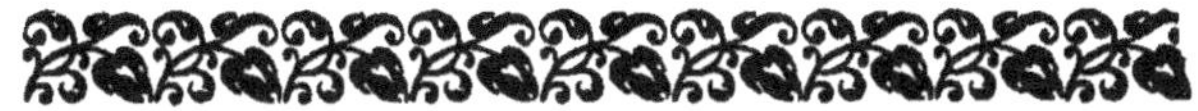

TABLEAUX

AQUARELLES, PASTELS,

DESSINS

Appartenant à M. X...

1 — ABBÉMA (Louise). Portrait de Rembrandt.

2 — ANTONELLO DE MESSINE (D'après). Portrait d'homme.

3 — BEAUMONT (De). Les Bottes et le corbeau.

4 — BOILLY. Les Trois mécontents. Dessin rehaussé.

5 — BONNAT. Mercure et Argus.

6 — BULAND. Arabes en vedette

7 — CHAMPMARTIN. Portrait d'Eugène Delacroix.

8 — CHATILLON (De). Paysan vu de dos. Fusain.

9 — CHATILLON (De). Louis XI et Tristan.

10 — CHUDENT. Effet de nuit.

11 — COMINOTTI. Jeune femme. Dessin.

12 — COUTURE (Thomas). L'Homme à la culotte jaune. Esquisse.

13 — DAUMIER (Attribué à). Tête d'étude.

14 — DAVID. Femme et enfant. Étude. Mine de plomb.

15 — DAVID. La Fille de Jephté. Crayon noir.

16 — DAVID. Académie d'homme. {Mine de plomb.

17 — DECAMPS (Attribué à). Le Marchand arabe.

18 — DEHODENCQ. Sujet arabe.

DELACROIX

19 — Saint-Étienne. Pastel.

20 — Portrait d'une actrice. Aquarelle.

21 — Paysage, effet de soleil couchant. Aquarelle.

Delacroix

22 — Le Chevalier blessé. Crayon noir.

23 — Crocodiles. Crayon noir.

24 — La Barque. Encre de Chine.

25 — Cavalier traversant une rivière. Encre de Chine.

26 — Delacroix (Attribué à). Soleil couchant. Pastel.

27 — Dutilleux. Forêt de Fontainebleau.

28 — École flamande. Les Joueurs de boules.

29 — Ellival. Portait de jeune femme.

30 — Fromentin (Eug.). A l'Écurie.

31 — Gérard (Attribué à). La Statue de Minerve.

32 — Géricault (Attribué à). Trois dessins dans un même cadre.

33 — Géricault (Attribué à). Cheval sautant un obstacle. Dessin à la plume.

34 — Géricault (Attribué à). Un Oriental. Aquarelle.

35 — GIRODET. Delisle sur son lit de mort. Dessin.

36 — GREUZE (Attribué à). Tête de vieille femme. Sanguine.

37 — GRIMLUND. La Maison de campagne.

38 — GUARDI (Attribué à). Vue de Venise.

39 — GUILLAUMET (Attribué à). Femme arabe conduisant une voiture. Dessin à la plume.

40 — HAUDEBOURT-LESCOT. Jeune Paysanne des environs de Rome.

41 — HILDEBRANDT. La Grotte.

42 — JAMAR. Chevaux à l'écurie.

43 — JAMAR. Portrait de Géricault.

44 — JAPY. Christ en croix dans un paysage.

45 — LINZI-CARLO. Des Anges soutiennent le Christ mort.

46 — LINZI-CARLO. Femme allaitant son enfant.

47 — MEISSONIER. Prise d'une pièce de canon. Dessin rehaussé.

48 — MILLET (J.-F.). Tête de mort.

49 — MILLET (Attribué à). Paysannes. Encre de Chine.

5o — MOLS (Robert). Le Chasseur. Effet de neige.

51 — NITTIS (De). Marine.

52 — RAFFET. Femme du peuple à Gandolfo.

53 — RAFFET. Portrait de Murat.

54 — RAFFET. Étude de chevaux.

55 — REMBRANDT (D'après). L'Ange et Tobie.

56 — REYNOLDS (Attribué à). Intérieur de cabaret.

57 — RIESENER. Académie d'homme dans un paysage.

58 — ROUGERON. Bonaparte pendant la Campagne d'Égypte.

59 — ROUSSEAU (Th.). Étude de tronc d'arbre.

6o — ROUSSEAU (Attribué à Th.). Paysage.

61 — Rousseau (Attribué à Th.). Le Chemin de la ferme.|

62 — Roybet. Tête de gentilhomme. Grisaille.

63 — Séon (Alexandre). Jeune fille de profil. Dessin rehaussé.

64 — Troyon (C.). Études de vaches. Six feuilles.

65 — Turner (Atrribué à). Vue de Blois

66 — Velasquez (D'après). Réunion de treize personnages.

Inconnu

67 — La Femme au dragon ailé. Aquarelle.

68 — Têtes de femmes. Étude, mine de plomb.

69 — Faust et Marguerite. Aquarelle.

70 — Le Calvaire. Pastel.

71 — Scène de l'Age d'or. Dessin, crayon noir.

72 — Portrait de femme.

73 — Tête de jeune femme.

74 — Sous bois.

INCONNU

75 — Portrait d'homme de profil.

76 — Tête de jeune femme.

77 — Le Christ chez le Pharisien.

78 — Les Suppliciés.

79 — Le Naufrage.

80 — Assemblée de Seigneurs vénitiens.

81 — Le Chariot. Étude de personnage. Dessin
à double face.

82 — Portrait d'un comédien.

83 — Portrait d'un officier.

84 — Le Réveil.

85 — Jeune femme sous bois.

86 — Onze dessins sous verres.

87 — Deux dessins sur bois.

88 — Dessin sur carreau.

GRAVURES

TABLEAUX

AQUARELLES, PASTELS,

DESSINS

Appartenant à Divers

104 — A. C. Têtes de béliers. Étude.

105 — BADIN (F.). Les Saisons. Quatre toiles décoratives.

106-107 — BERTHELON. Vagues en pleine mer. Deux pendants.

108 — BERTHELON. Barques de pêche.

109 — CASTIGLIONE (G.). Paysage avec ruines et figure de pêcheuse.

110 — CHARPIN. Vaches à l'abreuvoir.

111 — CHARPIN. Bergère et moutons.

112 — ÉCOLE ANCIENNE. La Mise au tombeau.

113 — ÉCOLE ESPAGNOLE. Le Christ portant sa croix.

114 — École italienne. Jeux d'enfants.

115 — École moderne. Fleurs des champs.

116 — École moderne. Paysage avec rivière et canards.

117 — Gibon (Hte). En Avant! Mort du commandant de Mirville, armée de la Loire, 1870-71.

118 — Gudin (T.). Entrée d'un port. Dessin.

119 — J. V. Coq et poules.

120 — Laissement. Un Verre de champagne.

121 — Laissement. Portrait d'un évêque.

122 — Le Brun (D'après). Sujets tirés de l'Histoire ancienne. Deux gravures.

123 — Maincent (Gustave). Femme en observation.

Malterre (G.)

124 — Fromages.

125 — Fontaine et chaudrons.

Malterre (G.)

126 — Cerises et fromage blanc.

127 — Plat de pommes de terre.

128 — Oignons, pot et fromage blanc.

129 — Merlette. Caporal d'infanterie.

130 — Merlette. Cavalier du train.

131 — Merlette. Épisode de la guerre de 1870.

132 — Noel (Gustave). Cascade à Mortain. Aquarelle.

133 — Noel (Gustave). Ferme à Saint-Loup. Aquarelle.

134 — Noterman (Z.). Les Mauvais joueurs.

135 — Noterman (Z.). L'Invité.

Péraire (P.)

136 — Rue de village.

137 — Les Dernières feuilles.

138 — Le Château Gaillard aux Andelys.

Péraire (P.)

139 — La Grande berge à Saint-Denis. Effet de neige.

140 — Richter (E.). Odalisque.

141 — Richter (E.). La Jolie servante.

142 — Rozier (Dominique). Marguerites dans un vase.

143 — Rozier (Dominique). Botte d'œillets dans un vase.

144 — Rozier (Dominique). Panier de roses.

145 — Tourcaty. Femme assise tenant un bouquet de fleurs. Gouache.

146 — Tourcaty (Attribué à). Personnage assis sur un rocher. Gouache.

147 — Wagner. Marguerites, biscuits et grenade.

148 — Wagner. Pêches, raisins, tapis d'Orient.

149 — Deux gravures : l'Invasion, la Tempête.

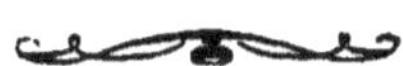

VENTE

DES ŒUVRES

DU BARON

A.-G. LANZIROTTI

STATUAIRE

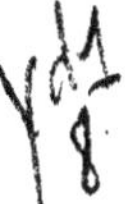

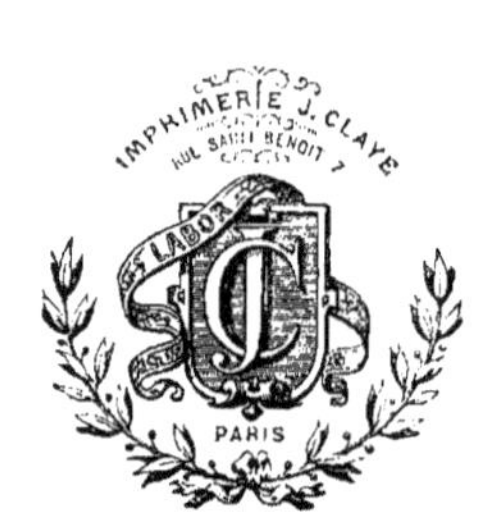

CATALOGUE

DES ŒUVRES

DU BARON

A.-G. LANZIROTTI

STATUAIRE

MARBRES, BRONZES

DONT LA VENTE AURA LIEU

HOTEL DROUOT, SALLE N° 1

Le Jeudi 4 Février 1875

A TROIS HEURES

COMMISSAIRE-PRISEUR	EXPERT
Me CHARLES OUDART	M. O'DOARD
31, rue Le Peletier	98, boulevard Haussmann

Chez lesquels on trouve le Catalogue

EXPOSITIONS

PARTICULIÈRE	PUBLIQUE
Le Mardi 2 Février 1875	Le Mercredi 3 Février 1875

DE 1 HEURE 1/2 A 5 HEURES 1/2

CONDITIONS DE LA VENTE

Elle sera faite au comptant.

Les acquéreurs payeront *cinq pour cent* en plus des adju-
dications.

MARBRES

GROUPES

1. — La Défense.

Marbre grestola de Carrare.

Hauteur : $0^m,50$.

2. — La Promesse.

Marbre grestola de Carrare.

Hauteur : $0^m,54$.

STATUETTES

MARBRE

3. — Le Baiser.

> Marbre grestola de Carrare sur socle en rouge antique.

> Hauteur : 1^m,00.

4. — La Baigneuse.

> Marbre grestola de Carrare sur socle en vert de mer.

> Hauteur : 0^m,69.

5. — La Rosée.

> Marbre grestola de Carrare sur socle en rouge antique.

> Hauteur : 1^m,02.

6. — La Source.

> Marbre grestola de Carrare sur socle en vert de mer.

> Hauteur : 0^m,69.

7. — La Glaneuse.

Marbre grestola de Carrare sur socle en rouge antique.

Hauteur : 0^m,94.

8. — L'Innocence.

Marbre grestola de Carrare sur socle en rouge antique.

Hauteur : 0^m,94.

BUSTES

MARBRE

9. — La Rose.

Marbre grestola de Carrare.

Hauteur : 0^m,70.

10. — Le Lilas.

Marbre grestola de Carrare.

Hauteur : 0^m,60.

11. — L'Hiver.

Marbre grestola de Carrare.

Hauteur : 0^m,76.

12. — Le Printemps.

Marbre grestola de Carrare.

Hauteur : 0^m,76.

13. — L'Été.

Marbre grestola de Carrare.

Hauteur : $0^m,76$.

14. — L'Automne.

Marbre grestola de Carrare.

Hauteur : $0^m,76$.

15. — Jeune Faune.

Marbre grestola de Carrare.

Hauteur : $0^m,47$.

16. — Petite Bacchante.

Marbre grestola de Carrare.

Hauteur : $0^m,47$.

17. — Bacchus enfant.

Marbre grestola de Carrare.

Hauteur : 0ᵐ,47.

18. — Petite Faunesse.

Marbre grestola de Carrare.

Hauteur : 0ᵐ,47.

19. — Rose-noisette.

Marbre grestola.

Hauteur : 0ᵐ,47.

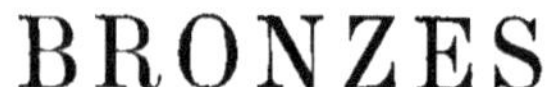

BRONZES

GROUPES

20. — La Défense.

Bronze clair.

Hauteur : 0^m,50.

21. — La Promesse.

Bronze clair.

Hauteur : 0^m,54

BUSTES

22. — La Rose.

Bronze clair.

Hauteur : $0^m,66$.

23. — La Gaieté.

Bronze clair.

Hauteur : $0^m,65$.

24. — Jeune Faune.

Bronze clair.

Hauteur : $0^m,47$.

25. — Petite Pompadour.

Bronze clair.

Hauteur : $0^m,47$.

26. — Bacchus enfant.

Bronze clair.

Hauteur : 0^m,47.

27. — Petite Faunesse.

Bronze clair.

Hauteur : 0^m,47

28. — La Méditation.

Bronze clair.

Hauteur : 0^m,65.

PARIS. — J. CLAYE, IMPRIMEUR 7, RUE SAINT-BENOIT. — [155]